PREFACE.

CE grand Dieu Tout-puissant est autant ou plus admirable, en la protection & cōseruation de ce grād Vniuers, qu'il a esté en la creation & facture d'iceluy, quand par son immense & admirable bonté, il va conseruant l'estre qu'il a dōné à chacune espece crée: Mais particulierement le soin qu'il a de son animal raisōnable chef-d'œuure de ses mains [ie veux dire l'Homme crée à son imag & semblance] est du tout incomprehensible. Ie ne veux point icy parler de cette Prouidence, par laquelle il va paissant, nourrissant & conseruant les Roys & Princes de la terre, pource qu'ils sont comme des petits Dieux, les fils aisnez & Lieutenans du grand Dieu sur terre. Ie ne parle point non plus de cette prouidēce qu'il a de nourrir les Marchands, pource qu'il semble que la nature leur doiue cela pour recompense de leurs peines & trauaux qu'ils ont iour & nuict, sur mer & sur terre. Encore moins de ceste prouidence & soin paternel, qu'il a de nourrir & vestir tant de milliers de bons Religieux qui oublient & negligent leurs necessitez corporelles pour s'vnir du tout à Dieu : pour ce que ceux à semblent forcer & contraindre leur Maistre par leur saincte vie, de leur donner leurs necessitez. Mais ce qui est digne d'admiration est, que ce bon Seigneur nourrit & repaist vn nombre innombrables de paures Gueux, qui ont si peu de soin de le prier, gens qui n'ont rien, & ne trouuent point de pire pays que le leur, qui ne desirent rien moins & ne hayssent rien tant que de trauailler entre les repas. Si le Philosophe Epicure estoit de ce temps, il auroit trouué des disciples dignes de luy : car ils pratiquent fidellement la doctrine qu'il enseignoit anciennement, pource que leur felicité & plus grand contentement n'est que de faire grand chere, & ne trauailler point.

La necessité qui est l'inuentrice des Arts & sciences a fait inuenter vn moyen & inuention à ces bons paures, propre pour auoir dequoy frire, lequel mestier s'appelle trucher ou Argoter, le plus franc

LE
IARGON
OV LANGAGE DE

l'Argot reformé, comme il est
à present en vsage parmy
les bons pauures.

*Tiré & recueilly des plus fameux Argotiers,
de ce Temps.*

Composé par vn Pillier de Boutanche,
qui maquille en mollanche, en la
Vergne de Tours.

*Reueu corrigé, & augmenté de nouueau,
par l'Autheur.*

Seconde EDITION.

A PARIS.

Chez la veufue du Carroy,
ruë des Carmes.

A LA LOVANGE
DE L'Argot.

O Argot incomparable,
L'appuy de tous les souffre-
teux,
Le confort des miserables
Indigens & necessiteux,
Viue l'Argot & tous les Gueux,
   Ie veux que le trauail soit bon,
Encor' est-il vn peu fascheux,
R'enfermé dans vne maison,
Cela n'est-il pas ennuyeux?
Ha! viue l'Argot & les Gueux.
   Estre Soldat est honorable,
Est eleué iusques dans les Cieux,
Et l'Argotier est delectable
Aussi la cuisine vaut mieux,
Viue l'Argot & tous les Gueux.

le plus aizé à apprendre, & qui mieux nourrist son maistre que l'on sçauroit desirer, qui ne paye ny taille, ny tribut au Roy, qui viuent dés le premier iour de l'Estat, & ont encor de l'argent de reste, qui ne font point de pain benist en leur Paroisse, & ne logent point de Gensdarmes chez eux: En vn mot, l'Argot rend ses escoliers si admirables, si sçauans & vertueux, que c'est comme vn compendion ou abbregé de toutes les autres sciences & vertus.

Premierement, l'humilité vous la verrez particulierement reluire en ses Soldats, qui allans à la guerre, vous n'y remarquerez rien moins qu'vn visage furibond & affreux, iurans frappans & vomissans vn torrent d'iniure contre ces pauures Paysans où ils sont logez. Mais, ô merueilles! lors que licentiez ils s'en reuiennent, vous les verrez les plus humbles, les plus doux & affables, le chapeau au poing, auec des parolles capables de faire fendre les rochers, s'ils estoient susceptibles de raison: disant auec grande humilité. Hé! pour l'amour de Dieu, ayez compassion de nous. En apres vous verrez paroistre la sobrieté en ces personnes qui auront plus vescu de leur bien, & qui auront esté deualisez en la forest des bouchons: car au lieu qu'ils vouloient faire grand chere durant leur prosperité, vous les veriez se contenter d'vn double ou morceau de pain. O Argot admirable! puis que tu es l'azille & refuge de tous ceux qui ne sçauent plus de quel bois faire fleche. Les émulateurs & enuieux de l'Argot, disent qu'il y a vn Arrest par lequel les Argotiers sont obligez d'endurer beaucoup de froid, durant l'Hyuer, mais ils en ont appellé aux grands iours.

L'ORIGINE DES ARGOTIERS.

L'Antiquité nous apprend, & les Docteurs, de l'Argot nous enseignent, qu'vn Roy de France ayant establi les foires de Niort, Fontenay, & autres villes du Poictou, plusieurs personnes se voulurent mêler de la Mercerie, pour à quoy remedier, les vieux Merciers s'assemblerent, & ordonnerent que ceux qui voudroient à l'aduenir estre Merciers, se feroient receuoir par les anciés, nommans & appellans les petits Mercelots, Péchós les autres Blesches, & les plus riches Merciers, Coësmelotiers hurez. Puis ordonnerent vn certain langage entre eux, auec quelques ceremonies pour estre tenués par les Professeurs de la Mercerie.

Il arriua que plusieurs Merciers mangerent leurs balles, neantmoins ne laisserent pas d'aller aux susdites foires, où ils trouuerent grande quantité de pauures

Gueux desquels ils s'accosterent, & leurs apprindrent leur langage, & ceremonie. Les Gueux reciproquement leur enseignerent charitablemēt à mandier: Voylà d'où sont sortis tant de graues, & fameux Argotiers qui ordonnerent vn ordre tel qui s'ensuit.

ORDRE OV HIERACHIE DE L'ARGOT.

PRemierement, ordonnerent & establirent vn chef ou General, qu'ils nommerent grand Coësre, quelques-vns le nommerent Roy de Thunes: mais c'est vn erreur, c'est qu'il y a eu vn homme qui a esté Grand Coësre trois ans, qu'on appelloit Roy de Thunes, qui se faisoit trainer par deux grands chiens en vne petite charette, lequel a esté executé dans Bordeaux pour son malfaict. En apres ordonnerent en chacune Prouince vn Lieutenant, qu'ils nommerent Cagou, les Archi-supposts de l'Argot, les Narquois, les Orphelins, les Maillards, les Marcandiers, les Rifodez, les Mallingreux, les Capós, les Piettres, les Polissons, les Fracsmitoux, les Callos, les Sabouleux, les Hubins, les Coquillards, les Courtaults de Boutanche, & les Côaertis tous subiects du grand Coësre, excepté les Narquois qui ont secoué le joug de l'obeissance,

DICTIONNAIRE ARGOTIQVE,

dressé par ordre Alphabetique,

Artye,	signifie du pain
Artye de meulans,	du pain blanc
Artye du gros Guillaume,	du pain noir
Artie de Grimault,	du pain chandy
Auergos,	des œufs
Angluche,	vne oye
Abbaye ruffante,	vn four chaud
Abloquir,	achepter
Antroller,	emporter
Ambier,	fuir
Atrimer,	prendre
Affurer,	tromper
Aquiger,	faire
Andosse,	l'échine ou le dos
Abbaye de monte à regret,	vne potence

Amadoué, c'est dequoy les Argotiers se frottent, pour se faire deuenir jaunes, & paroistre malades.

B.

Barbaudier du Castu, le Gardien d'vn Hospital,

Babillard, vn Ministre

Baccon,   vn poutceau
Bauge,   vn coffre
Bas de tire,   vn bas de chauffe
Broquante,   vne bague
Broque,   vn double
Bier,   aller
Bijou,   le membre d'vne femme
Baude,   la maladie de Naples
Boule,   vne foire affemblée
Boüys.   le foüet
Bafourdir,   tuer
Barbillons de Varenne,   des naueaux
Boutanche,   vne boutique
Battouze,   de la toille
Battouze toute battâte, de la toille neuue
Ballader.   aller demander l'aumofne

C.

CRie ou criole,   de la chair
  Carme,   vn choyne ou miche
Caffantes,   des noix
Caluins,   des raifins
Caluine,   vignes
Camufe,   vne carpe
Coullant,   du laict
Comble,   chappeau
Canton,   vne prifon
Cantonniers,   prifonniers
Capres,   vn carolus

Cart de charuë,　　　　　　vn quart d'écu
Cornant & cornante,　　　bœuf & vache
Casser la hane,　　　　　couper la bourse
Combriez,　　　　　pieces de vingt solz
Castuz,　　　　　　　　　　vn Hospital
Conce du Castuz, celuy qui porte les salletez de l'Hospital à la riuiere.
Cosne,　　　　　　　　　　　la mort
Creux,　　　　　　　　　　vne maison
Courbe de morne,　　épaule de mouton
Cambrouse,　　　　　　vne chambriere
Chenastre,　　　　　　　　　　　bon
Coësre,　　　　le Maistre des Gueux
Crottes d'Hermitte,　　　poires cuittes
Chasse noble,　　　　vn chasse-coquin,

D.

DAsbuche,　　　　　　　　　vn Roy
　Duresme,　　　　　　　du fromage
Dure,　　　　　　　　　　　la terre
Doubleux,　　　　　　　　vn larron
Doubler,　　　　　　　　　desrober

E.

EM paue,　　　　　　vn drap de lict
　Entifle ou Entonne,　　vne Eglise
Encensoüer,　　　　　　vne fressure
Enteruer,　　　　　　　　　entendre
Egrailler l'ornie, prédre la poulle auec vn hain, Epouser la fricaudrie, c'est quand

es coupeurs de bourses jettent ce qu'ils ont dérobé de peur d'estre surpris.

Espouser la veufue, estre pendu en vne potence.

Endrogue, chercher à faire fortune

F.

FRemion,	le marché
Flambe,	vne espée
Floutiere,	rien
Fretille,	de la paille
Frolleux,	vn traistre
Froller sur la balle,	medire de quelqu'vn
Frusquin,	vn habit
Fondant,	du beurre
Ficher,	bailler
Fouquer ou foncer,	donner
Fanandel,	Camarade

G.

GOurpline,	vne pinte
Georget,	vn pourpoint
Grenu,	du bled
Grenuë,	de la farine
Grenafle,	vne grange
Gallier,	vn cheual
Guellard,	vn bissac
Girolle,	soit
Gy,	ouy
Gaux,	des poux

Gourdement, beaucoup
Griffit, dérober subtillement
Gyure, le membre viril de l'homme
Glier, le diable
Cripis, vn Musnier
Garde-proye, vn garderobe
Grain, vn escu
Glace. vn verre à boire

H.

Haper le taillis, s'enfuïr habillemét
Haut de tire, vn haut de chausses
Hane, bource
Herplus, des liarts
Huistres de Varane, des febues
Habin, vn chien
Havre ou grand Havre, Dieu

I.

Iaspin, ouy
Iuxte, contre ou apres

L.

Lance, de l'eau
Lime, vne chemise
Lousche, la main
Lourde, vne porte
Lourdaut, vn portier
Luysante, vne fenestre
Luysant, le iour
Lingres, vn couteau

La morphe,	le repas
Lanscailler,	pisser
Iusques,	vn faux certificat

M.

Meziere,	moy
Menestre,	du potage
Morfier,	manger
Morfiente,	vne assiette
Marpaut,	vn homme
Marquise,	vne femme
Mion,	vn garçon
Marque,	vne fille
Mouchailler,	regarder
Marquiller,	trauailler
Mousse,	de la merde
Mouscailler,	chier
Molanche,	de la laine
Menée d'auergos,	vne douzaine d'œufs
Menée de rond,	douze sols
Marmouzet,	le pot au potage
Minoye,	le nez
Marron,	du sel
Morne,	vn Mouton ou brebis
Mornas,	la bouche
Mouillante,	de la moruë
Marquin,	vn couurechef
Mions de boule,	coupeurs de bourses
Marcandier,	marchand

N.

Nouzaille.	nous
Narquoys,	vn Soldat

O.

Ornye,	vne poulle
Ornyons,	des chappons
Ornychons,	des poulets
Ornye de bale,	vne poule d'Inde

P.

Picter ou pictancher,	boire
Piuois,	du vin
Piolle,	vne tauerne
Piollier,	vn tauernier
Pharos,	le Gouuerneur d'vne ville
Piper,	vn Chasteau
Pallots,	les Paysants
Passans,	des souliers
Paturons,	les pieds
Piau,	vn lict
Piausser,	se coucher
Pontifle,	vne putain
Pinos,	des deniers
Pelladier,	vn pré
Pellard,	du foin
Parfond,	vn pasté
Parfonde,	vne caue
Paturons de morne,	pied de mouton
Patté d'Hermitte,	des noix
	Pacquellin

Pacquellin, l enfer
Posguellin, le pays
Pillier du creux, le maistre du logis
Proye, le cul.
Paturons de cornant, des pieds de bœufs

R.

Rastichon, vn Prestre
Rupin. vn Gentil-homme
Rouin, le Preuost des Mareschaux
Roüaux, les Archers
Rond, vn sol ou douzain
Roupiller, dormir
Ragot, vn quart d'écu
Rulquin, vn écu
Roüastre, du lard
Rabatteux ou doubleux de sorgue, c'est vn larron de nuict.
Rouscailler bigorne, parler jargon
Riuancher, trauailler du membre duquel on arrouse la terre.
Rifle, du feu
Risoder, cuire ou brusler
Rouillarde, vne bouteille

S.

Serpilliere de Rastichõ robe de Prestre
Sorgue, la nuict
Solir, vendre
Saliuerne, vne escuelle

Sabre,	du bois
Sobrieux,	vn volleur
Sabrenaut,	vn Cordonnier ou Sauetier:
Sacre,	vn Sergent
Seziere ou seringand,	luy

T.

Tabar ou Tabarin,	vn manteau
Trimand,	vn chemin
Toille ou tollard,	vn Bourreau
Trappe	la fleur de Lys
Teziere ou teringand,	toy
Tronche,	la teste
Trimer,	cheminer
Tenante,	vne choppine
Toutime,	tout
La Thune,	l'aumosne
Tourniquet,	vn moulin
Tronche de morne,	vne teste de mouton.

V.

Vergne,	vne ville
Vouzaille,	vous
Verdousier,	vn iardin ou iardinier
Verdouze,	vne pomme ou vne poire.

Z.

Zeruer,	pleurer ou crier

Débrider la lourde sans tournante, c'est ouurir vne porte sans clef.

Cric, croc.	c'est, ie boy à toy

uſt muſt, grand mercy
eſlorir la picoure, c'eſt oſter le linge de
deſſus les hayes,
e gris boüeſſe, ou bouſolle, c'eſt il gelle,
il fait froid,
La tróche m'acquige fremy, c'eſt la teſte
me fait mal.
La picoure eſt florie, c'eſt la buée ou le
linge eſt eſtendu ſur la haye.
Que de beaux, que de beaux la mataille
enterue, c'eſt, prenez garde, on entend ce
que vous dites.
La lourde eſt bridée, c'eſt la porte eſt fer-
mée. Le marmouzet riſode, c'eſt, la
pottée boüil. Le piuoys bartoche, c'eſt
le vin eſt bas. La cric corne, c'eſt la chair
eſt puante. Le Glier t'entrolle en ſon
pacquelin. C'eſt le Diable t'emporte en
ſon enfer.
Pour oſter le ſcrupule que quelques-
vns pourroient auoir, de ce qu'on n'vſe
plus de beaucoup de mots qui eſtoient en
vſage en l'ancien Iargon, c'eſt que les Ar-
chi-ſupoſt, qui ſont des Eſcoliers débauchez, mouchaillans que trop de Marpaux
enteruoiét, retrãcherent les mots ſuiuãs.
Premierement la teſté, on la nommoit
calle, à preſent, c'eſt la tronche: vn cha-

peau, on le nommoit plan, à present on l'appelle vn cōble, les pieds, on les nommoit trottins, à present sont des paturōs: vn manteau c'estoit vn volant, à present c'est vn tabar ou tabarin, du potage s'appelloit de la iaffe, à present c'est de la menestre: vne Chābriere se nommoit limogere, à present on l'appelle vne cambroute: vn chemin on l'appeloit pellé, à present c'est vn trimard: māger c'estoit brisser ou gousser, à present c'est morfier: vne écuelle se nommoit crolle, à present c'est vne saliuerne: vne fressure se nommoit ditre, à present c'est encensoüer: monnan c'estoit à dire moy, à present c'est meziere où meriguand: tonnan c'estoit à dire toy a present faut dire teziere ou teringuand.

DES ESTATS GENERAVX.

POVR affermir l'Estat de cette Monarchie Argotique, iceux Argotiers ordonnerent tenir par chacun an des Estats Generaux pour aduiser aux affaires de l'Estat, & estoient tenus anciennemét iuxte la vergne de Fontenay le Comte, & à present transtolez au Languedoc, pour ce que ce chenastre Pharos du Languedoc, Anne de Môtmorency, a fiché vne grande somme de michon pour estre employée tous les ans la sepmaine saincte pour fouquer la morphe à toutime les Argotiers, qui se Confesseront & Communieront le Ieudy S. & prieront le grād Haure pour seziere.

En laquelle conuocation & assemblée des susdits Estats, fut accordé & arresté les Articles qui ensuiuent.

ARTICLES ACCORDEES
aux Estats Generaux.

Premierement, a esté ordonné qu'aucun Marpaut ne soit admis ny reçeu pour estre grand Coësre, qu'il n'aye esté Cagou ou Archisupost.

II.
Qu'aucun Argotier ne soit si hardi de descouurir ny déceller le secret des affaires de la Monarchie, qu'à ceux qui aurôt esté receus & passez du serment.

III.
Qu'aucun myon ne soit passé du serment qu'au prealable il n'ait esté recogneu affectionner l'Argot, & d'estre frolleux.

B iij

A esté aussi ordonné que les Argotiers toutime qui bieront demander la thune, soit aux lournes ou dans les Entisles, ne se départiront point qu'ils n'ayent esté refusez neuf fois.

Le toutime sur peine d'estre bouilly en bran, & plongé en lance iusque au proye.

Ausdits Estats Generaux ont procedé premierement, à l'election d'vn grand Coesre, ou bien en continue celuy d'auparauant, qui doit estre vn Marpaut, ayant la Majesté comme d'vn grand Monarque vn tabar sur ses coubes, à tous dix mille pieces diuersi, coulourez, & bié consues, vn bras ou iambe, ou cuisse demie pourries en apparence, qu'il seroit bien guari en vn iour s'il vouloit.

Apres l'election, le grand Coesre commande à tous les Argotiers nouueaux venus de se mettre à quatre pieds contre la duie, puis il s'assied sur l'vn d'iceux, & lors les Cagouz la tronche nüe, le comble dans la louche, viennent faire hommage à semere, puis ils sont continuez ou d'autres mis en leurs places.

Apres l'hômage on s'assied à l'entour du grād Coësre, on met vne Saliuerne au pres de sez ière, pour receuoir les tributs de ceux qui en doiuent, puis chacun de quelque condition qu'il soit vient rendre compte de sa vacation, & premierement.

Des Cagoux.

LEs Cagous sont interrogez, s'ils ont esté soigneux de faire obseruer l'hōneur qui est deub au grand Coësre, s'ils ont monstré charitablement à leurs subiects les tours du mestier, s'ils ont deualifez les Argotiers qu'ils ont rencontré, qui ne vouloient recognoistre le grand Coësre, & combien ils leurs ont osté : Car ce qu'on oste aux Gueux qui ne veulent recognoistre que froutiere le grand Coësre, tout est declaré de chenastre prise, tant leurs hardes que leur michon.

Si en trimant par les vergnes & grands trimards, ils ont point rencontré quelques rebelles criminels de l'Estat : Car ceux qui bient à autre intentiō que celle qui leur est ordonnée par le grand Goësre, sont declarez perturbateurs du repos de l'Estat, si quelques vns sont trouuez, ils sont attrimez aux Estats Generaux.

& là punis en la forme qui s'enſuit. Premierement on luy oſte toutime ſon truſquin, puis on vrine en vne ſaliuerne de laſbre, auec du pyuois aigre & vne poignée de marron, & auec vn torchon de fretille on frotte à ſeziere tant ſon proye, qu'il ne luy demorſie d'vn mois apres. Voylà la charge des Cagous, qui pour la peine qu'ils ont ne fichent aucun michō au grand Coëſre, ains participent au butin des deualiſez, & ont puiſſance de trucher ſur le toutime.

Des Archi ſupoſts de l'Argot.

LEs Archi-ſupoſts ſont ceux que les Grecs appellent Philoſophes, que les Hebreux nomment Scribes: les Latins, Sages: les Ægyptiens, Prophetes: les Indiens, Gymnoſophiſtes: les Aſſyriens, Caldeens: les Gaulois, Druides: les Perſes, Mages: les François, Docteurs: & les Miramolins, Bouze. En vn mot ſont les plus-ſçauans, les plus habiles Marpaux de toutime l'Argot, qui ſont des Eſcoliers débauchez, & quelques Ratichons de ces coureurs, qui enſeignent le jargon, à rouſcailler bigorne, qui oſtent, retranchent & reforment l'Argot, ainſi qu'ils veulent: Et ont auſſi puiſſance de trucher sur le toutime, sans ficher que froutiere.

Des Orphelins.

LEs Orphelins sont ces grāds Mions, qui triment trois ou quatre de compagnie, ils bient sur le minsu, c'est à dire, trucher sans aucun artifice, ils fichent par chacun an deux menees de ronds, au gād Coesre.

Des Marçandiers.

MArcandiers sont ceux qui bient auec vne grande ane à leurs costez, auec vn assez chenastre trulquin, & vn tabar sur les courbes faignans auoir troué des Sabrieux sur le trimard, qui leur ont osté leur michon toutime, ils fichent au grand Coësre vn rusquin par an.

Des Ruffez ou riffaudez.

RVffez ou brussez, sont ceux qui triment auec vn Certificat qu'ils nomment lucque, côme leurs biens sont ruffez toutime, menans auec sezailles leurs Marquises & Mions, feignans auoir eu de la peine pour sauuer leurs mions du rifle, qui ruffoit leurs creux, le plus souuent leurs Certificats sont appostez, & les fôt faire par quelques Ratichons, qui bient auec sezailles, ils fichent par an au grand Coësre quatre combriez.

Des Millards.

Millards sont ceux qui trollent sur leur andosse de gros guellards, ils truchent plus aux chāps qu'aux veignes, ils sont hays des autres Argotiers, pource qu'ils morsient ce qu'ils ont tous seuls, & ne font point la charité aux autres freres, quand ils sont rencontrez des autres, il faut se battre, & on leur oste leur michon, & bien souuent leurs marquises, qui font semblant de zeruer, quand on les emmeine, mais en leur cœur en sont bien aise, pource que la plusparts d'icelles ne sōt que ponisles, iamais ne peaussent aux creux, ou Castus du grand Havre, ny piolle où ils sçauent qu'il y a d'autres Argotiers peaussiez ils font troller à leurs Marquises des ampaues, qu'ils estedent sur la fretille en quelque grenasle, & là peaussent & roupillent gourdement, ils font les piteux deuant les Pallots qui leur fouquent du fondant, du duresme, & autres necessitez. C'est de ceux de ceste condition qu'il s'en trouue le plus de rebelles à l'Estat, & ceux qui obeissent, fichent aux Cagous demy rusquin, qui le trollent aux Estats Generaux, en rendant compte au grand Coesre.

Les Malingreux.

Malingreux sont ceux qui ont des maux ou playes, dont la plusparc ne sont qu'en apparence, ils truchent sur l'Entifle, c'est à dire, ils feignent aller les vns à S. Méen, les autres feignent auoir voüé vne Messe quelque part, quelquesfois ils sont gros, enflez, & le lendemain n'y paroist que floutiere: ils morfient gourdement quand ils sont dans les piolles, ils fichent deux combriez.

Les Piettres.

LEs Piettres sont ceux qui truchent sur le baston rompu, sont ceux qui ont les jambes & bras rompus, ou qui ont mal aux pasturons, qui bient auec des potences, ils foucquent demy rusquin, par chacun an.

Le Sabouleux.

SAbouleux, sont ceux que vulgairement on appelle malades de S. Iean, dont il y en a plus de faux que de veritablemét malades, ils s'amadoüent auec du sang, & prennent du sauonblanc en la bouche, ce qui les fait escumer: ils trimét ordinairement aux Boulles, aux Fremions, & aux lourdes des Entifles, où ils se saboulent gourdemét, émeuuent tellement le monde à pitié, qu'ils font greffer en leur comble force michon, dont ils bient morfier, & a quiger grand chere aux piolles fraches, où aux Caftus. C'eft ceux là qui fichent le plus au grand Coëfre, & qui luy obeiffent le mieux.   *Callos.*

CAllos font ceux qui font teigneux, veritables ou contrefaits, & tant les vns que les autres truchent, tant aux Entifles que dedans les Vergnes, pour trouuer dequoy faire guarir leur teigne, qui seroient bien marris qu'elle fuft guarie. Ils euffent prins le fieur Theodore de Beze pour leur Patron, pource qu'il a efté autrefois Callos, mais à caufe qu'il ne l'ont point trouué au Callendrier Romain, ils n'en ont point voulu, & auffi à caufe qu'vn iour à Paris il fe voulut jetter en la riuiere de Seine, pour fe noyer auec vn fien coufin, à caufe qu'ils auoient trop de mal à faire guarir leur teigne, comme luy mefme témoigne en vne Epiftre efcrite à fon amy Volmard. Ceux-là fichent fept ronds au grand Coëfre.

Les Coquillards.

COquillards font les Pelerins de S. Iacques, la plus grand part font veritables, & en viennent. Mais il y en a auffi qui truchent sur le Coquillard & qui n'y furent iamais, & qu'il y a plus de dix ans qu'ils n'ont fait le pain benist en leurs Paroisses, & ne peuuent trouuer le chemin à retourner en leurs logis, ils ne fichent que froutiere au grand Coësre.

Les Hubins.

HVbins sont ceux là qui se disent auoir esté mordus des Loups ou Habins enragez, ils triment ordinairement auec vne lucque, comme ils bient à sainct Hubert, ou qu'ils en viennent qu'ils fichent aux Rastichons pour les recommander dans les Entifles, ils fichent vn ragot par an au grand Coësre.

Le Pollisson.

POlissons sout ceux qui ont des frusquins qui ne valent que froutiere en Hyuer quand le gris bouesse, c'est lors que leur estat est le plus chenastre. Les Rupines & Marcandiers leurs fichent les vnes vn gorget, les autres vne lime ou haut de tire, qu'ils solissét au Barbaudier du Castu ou à d'autres qui les veulent abloquir, ils trollent ordinairement vn guellard à leur costé, auec vne touillarde pour mettre le piuoys, ils enteruent brauement attrimer l'ornie, il s'en trouue grand quantité

C iiii

aux Estats, & fichent deux ragots au grãd Coësre par an.

Les Francmiteux.

SOnt ceux qui sont mallades, ou qui font semblant de l'estre, on les nomme les Ecamens, ils bient appuyez sur vn sasbre, & bandez par le front, faisant les trembleurs. Ils ne fichent que cinq ronds par an au grand Coësre.

Les Capons.

CApons sont les Escheuins de la Triperie. dont la pluspart sont casseurs de banc & doubleux. Ils ne sortent gueres des Vergnes, ils truchent dãs les piolles où ils sont souuent à l'aguet pour mouchailler s'ils trouueront quelque chose à descouuert pour le doubler. Ceux là ne fichét que floutiere aux estats, car il n'y triment point.

Les Courtauls de boutanche.

COurtaults de Boutanche, sont des Compagnons d'estat, dont les vns ne maquille que durant l'hyuer quand le gris saboulle, & quand l'Esté est venu ils disent fy du maquillage, qu'il est mion de ponisse qui a maistre voicy les casantes, les verdouzes, & les caluins qui sont chenastres: les autres ne maquillent point en tout, ains trollent deſſus leurs courbes quelques outils, dont on ſe ſert en leur meſtier, pource que leur colle en ſoit plus franche: les autres quand ils ſont en quelque vergne à balader, & qu'on leur dit qu'ils aillent maquiller, ils rouſcaillent qu'il n'y a point de boutanche de leur eſtat en la vergne, car ils diſent eſtre d'vn autre meſtier qu'ils ne ſont, & qu'ils ſçauent qu'il n'y en a point en vergne, la plus grande part d'iceux ſont hays des autres Argotiers, pource qu'ils ſont frolleux, & frollent ſur la balle des freres quand ils ſont en quelque boutanche à maquiller.

Les Conuertis.

LEs Conuertis, ſont ceux qui changẽt de Religion, [ie n'entends icy parler de ceux qui veritablement pour le repos & tranquillité de leurs cõſciences ſe conuertiſſent ſans fraude ne diſſimulation] Ie veux donc rouſcailler de ceux qui feignent ſe conuertir pour la truche, Quand ils ſont en quelque vergne, où il y a quelque excellent Predicateur, ils bient le trouuer, & luy rouſcaillent ainſi, mon Pere ie ſuis de la Religion, & tous mes parens auſſi, i'ay ouy quelqu'vne de vos predications qui m'ont touché, ie voudrois que vous m'eussiez vn peu esclaircy: Alors ils se passe deux ou trois luysans en conference, puis il faut faire profession de Foy en public, puis sept ou huict luysants durant ils se tiennent aux lourdes des Entifles, & rouscaille ainsi, Messieurs & Dames n'oubliez pas ce jeune homme qui s'est conuerti à la Foy Catholique Apostolique & Romaine, le Haure sçait comment il gresle en leur comble, car il n'est pas myon de chenastre mere qui ne leur fiche la thune, puis ils sont soigneux de tirer vne lucque ou certificat de celuy qui les a receus, en apres ils s'enquestent où demeure quelque marpaut pieux, & rupines & marchandieres deuotes qu'ils bient trouuer dans leurs creux, declarent leurs necessitez: Alors ces chenastres personnes rifodez de l'amour du Haure, & fors joyeux de cette Conuersion, leurs foscent de tres chenistres thunes, & c'est la plus chenastre truche de toutime l'argot, & s'ils assurent ainsi les Catholiques, ils en font de mesmes aux Huguenots: car il y en a qui tiolle de deux sortes de lucques, les vnes pour ficher aux Ratichons dans les Entonnes, & les autres aux Babillards, ou Ancien

de la pretédüe qui leur fouque de groſſe
thune. Ie les dis pour en auoir aſſiſté quelques vns ou i'ay eſté aſſuré gourdement,
ceux là ſont les mignons du grád Coëſre,
& ne ſichent que froutiere.

Les Drilles ou Narquois.

DRilles ou Narquois ſont les Soldats
qui truchent la flambe ſous le bras,
& battent en ruine les Entiſles, & tous
les creux des Vergnes, ils peauſſent dans
les piolles, morfient, pictent ſi gourdement que toutime en bourdonne. Ils
ont faict banqueroutte au grand Coëſre,
& ne veulent plus eſtre ſes ſubiects, ny
le recognoiſtre, ce qui eſt vne gráde perte
& a beaucoup ébranlé l'Eſtat de cette
Monarchie Argotique.

Vne autre choſe qui a beaucoup gaſté,
& preſque renuerſé toute la Monarchie,
c'eſt que tous ceux du doublage, les Caſ-
ſeurs de hane, les Rabatteux, les Sabrieux
& autres Doubleux du ſerment de la petite flambe ne pouuant viure de leurs
eſtats, & d'autre part mouchaillans les
Argouers auoir touſiours dequoy morfier, voulurent lier le doublage auec l'Argot, c'eſt en vn mot joindre les larrons
auec ceux qui mandient leur vie, à quoy

s'opposerēt les honorables Archi-suposts & les Cagous, ne voulant pas permettre vn si grand malheur: Mais en ont esté cōtraints d'admettre les susdits doubleux en la Monarchie, excepté les Sabrieux qu'on n'a pas voulu receuoir, tellement que pour estre parfait Argotier, il faut sçauoir le jargō des Blesches ou Merciers, la truche comme les Gueux, & la subtilité des Coupeurs de bources.

Apres que les Anciens Argotiers ont rendu compte de leurs vacatiōs, les nouueaux venus s'approchent & fichent cinq ronds en la Saliuerne, puis on leur fait faire le serment en cette sorte.

Premierement, ils mettent vn bout de leur sibre ou baston en la dure, puis on leur faict leuer la louche gauche, & non la droicte, pour ce qu'ils disent que c'est vn erreur de Cour, puis ils rouscaillent en ceste maniere: *J'attrime au passeligour du tout.*

Apres on leur faict promettre & iurer de rendre obeissance au Cagou de leur Pronince, auquel ils sont baillez en charge pour leur apprendre les tours du mestier.

Or cependant que l'on interroge les

ſuſdits Argotiers, les Marquiſes du grand Coëſre. & des Cagous, ont ſoing d'allumer le rifle, & faire rifoder la criolle: car chacun fiche ſon morceau, les vns fichent vne courbe, de morne, les autres vn morceau de roüaſtre, les autres vn morceau de cornant, les autres vne échignée de bacõ, les autres des ornies, & ornichons. Tellemét que quand toutes leurs bribes ſont aſſemblees, ils ont dequoy faire vn chenaſtre banquet auec des rouillardes pleines de piuoys, & du plus chenaſtre qu'on puiſſe trouuer, puis ils morfient & pictét ſi gourdemét que toutime en bourdóne.

Apres que les Eſtats ſont finis chacun ſe depart, & les Cagous bient en la Prouince qui leur a eſté ordonnée, & emmenent auec ſezailles leurs apprentifs pour les apprendre, & exercer en l'Argot, & premierement leur enſeignant à aquiger de l'amadoüe de pluſieurs ſortes, l'vne auec de l'herbe qu'on nomme Eſclaire, pour ſeruir aux Frames-mitoux: l'autre auec du coulans & du ſang, & vn peu de grenue, pour ſeruir aux Malingreux & Piettres.

Apres leur enſeigné à aquiger de certaine greſſe, pour empeſcher que les ha-

bins ne leur grondent, & ne menent d
bruict, quand ils passent par les villages
ils trollét cette graisse en leurs guellard
dans vne corne, & quand les chiens l
sentent ils ne disent mot, au contrair
font chere à ceux qui la trollent.

En apres leur apprennent à faire di:
mille tours, cóme le rapporte le Docteur
Fourette en son liure de la vie des gueux,
où il raconte plusieurs Histoires, entre
lesquelles est celle cy.

Il y auoit en vn certain tourniquet vn
Gripis qui ne fichoit iamais que frontiere aux bons pauures, le Cagou du Pasguellin d'Anjou entreprins de se vanger,
& luy joüer quelque tour chenastre, &
pour y paruenir, approchant du tourniquet, il diuise sa trouppe en deux, & faict
trimarder la moitié par derriere le creux
& l'autre par le deuant, qui bient demander la thune à la lourde du Gripis, puis
aquigent vne querelle d'Allemant, & ils
s'entrebattent ensemble, le Gripis sort
auec sa Marquise & sa Cambrouse pour
mouchailler ses Argotiers se battre, & ce
pendant les autres qui estoient par derriere entre dans le creux, doublent de la
greniie, de la battouze des limes de lar-

e & autre chofe : & puis apres tout doucement happe le taillis, & bient attendre ceux qui fe battoient fur le grand trimard. Il racontent encor plufieurs hiftoires cóme celle d'vn qui monta auec de tire fós en vne potence, pour coupper les bras d'vn pendard, pour s'en feruir en vne grande boulle en la Vergne de Nyort. D'vn autre qui contrefift l'Operateur en vn Pipet, & trompa la Rupine qui luy auoit prefté fon Galier, & fiché du michó pour abloquir des drogues de la Vergne de Saumur, pour guarir fon Marpaut qui auoit grád mal à fon chiure : Et plufieurs autres que ie laiffe pour n'eftre prolixe. Pour vous dire encore vn de leurs tours qui fe pratique entre les doubleux feulement c'eft que quand ils paffent quelqu'vn du ferment de la petite flambe, par vn carrefour qui foit proche d'vne Vergne, ils eftriuent auec leur fasbre vne certaine marque ou chiffre dans le trimard, que les autres doubleux recognoiffent quand ils l'amouchaillent, & iugent bien par la marque vn tel eft icy, ou vn tel s'en eft allé d'icy : car voylà fon marc ou chiffre de telle façon.

DIALOGVE DE DEV

Argotiers, l'vn Polisson, & l'autre Malingreux qui se rencontrent iuxte la lourde d'vne Vergne.

LE MALINGREVX.

LE Hivre t'aquige en chenastre santé.

Le Polisson.

Et teziere aussi Fanandel, où trimarde-tu?

Le Malingreux.

En ce pasquelin du Berry, on m'a rouscaillé que la truche y estoit chenastre, & en cette Vergne fiche-on la Thune gourdement?

Le Polisson.

Quelque peu, apres guere.

Le Malingreux,

Le polisse y est elle chenastre?

Le Polisson.

Nenny, c'est ce qui me faict ambier hors de cette vergne, car si ie n'eusse vn peu griffy, ie fusse cosny de faim.

Le Malingreux

Y a il vn Castu en ceste Vergne?

Le Polisson.   Iafpin.
           Le Malingreux.
Eſt-il chenu ?
           Le Poliſſon.
Pas gueres, les piaux ne ſont que de fre-
tilles.   Le Malingreux
Le barbaudier du Caſtu eſt-il Francil-
lon, ſoliſt il la foucaudrie ?
           Le Poliſſon.
Que froutiere. Mais tirant vers les cor-
nets d'eſpice, il y a trois ou quatre piolles, où les Piolliers ſont Francillons qui
la ſoliſſent: mais d'où tu viens, qui a-il
de nouueau ?
           Le Malingreux.
Que froutiere ſinon qu'vn de nos freres qui a affuré vn Rupin.
           Le Poliſſon.
Et comment cela ?
           Le Malingreux.
C'eſt qu'vn de ces luyſans vn Marcandier alla demander la thune en vn Pipet,
& le Rupin ne luy ficha que le flou, il
mouchaille des ornies de balle qui mor-
fioient du grenu en la court, il fiche de
ſon ſabre ſur la tronche à vne & la ba-
ſourdie, & la met en ſon guellard, &
entrolle, puis quand il fut dehors, il eſ-

criuit contre la lourde ce qui s'enſuit.

Si le Rupin euſt fiché du michon au marcandier, il n'euſt pas entrollé ſon ornie de balle.

Le Rupin ſortant dehors aduiſa cét eſcrit, il le leut, mais il n'éteruoit que floutiere: il demanda au Raſtichon de ſon village, que c'eſtoit à dire que cela? mais il n'enteruoit pas mieux que ſezicre.

Arriua que ie trimardois iuxte la lourde de ce Pipet, aduiſa cét eſcriteau, & commence à le lire, vne Cambrouſe du Pipet me mouchailloit, & en aduertit le Rupin pource que ie riois en le liſant, le Rupin me demande vien ça gros gueux, qu'eſt-ce que tu lis contre ma porte?

Alors ie mis le comble en la louche & luy reſpondis, Monſieur c'eſt que ce bon pauure qui vous demanda l'aumoſne vn de ces iours, à qui vous ne donnaſtes rien a eſcrit que ſi vous luy euſſiez donné quelque choſe, il n'euſt pas emporté voſtre Poulle d'Inde.

Lors le Rupin en cholere, iurant par la tronche du Haure, que s'il attrappoit iamais des trucheurs en ſon Pipet il leurs ficheroit cent coups de ſabre ſur l'endoſſe, & meziere de happer le taillis, & ambier

ambier le plus gourdement qu'il me fut possible.

Le Polisson.

Le Haure garde mal le frere, puis qu'il a eu si bel esprit.

Le Malingreux.

Veux-tu venir prendre la morse, & peausser auec meziere en vne des piolles que tu m'as rouscaillé.

Le Polisson.

Il n'y a ny rond ny herplus, ne brocque en ma felouze, ie vois peausser en quelque grenasle.

Le Malingreux.

Encore que tu n'aye de michon ne laisse de venir, il y a deux mences de rôd en ma hane & deux ornies dans mon guellard, que i'ay égraillee sur le trimard, bions les faire rifoder, veux-tu?

Le Polisson.

Girolle, & benist soit le nom du Haure, qui m'a fait rencontrer si chenastre occasion, ie m'en vois m'enresioüir, & chanter vne chanson.

CHANSON DE L'ARGOT,
sur le chant, Si les murailles de
Poictiers, &c.

Qvi veut ouyr rouscailler,
D'vn appellé le grand Coësre,
Dasbuche des Argotiers
Et des Trucheurs le grand Maistre,
Et aussi de tous ces vassaux,
  Viue les enfans de la Truche
  Viue les enfans de l'Argot.
Premierement les Cagous,
Sont ainsi comme les Princes :
Et sont honorez de tous
Les Trucheurs de nos Prouinces,
Comme aussi les Archi-supost.
  Viue les enfans de la Truche.
  Viue les enfans de l'Argot.
Les Drilles ou les Narquois
En reuenant de la giue,
En trimardant quelque fois
Basourdisse des ornies :
Ou quelque chenastre castros,
  Viue les enfans de la Truche,
  Viue les enfans de l'Argot.
Puis aussi les Orphelins,

Trouuant des picoures flories,
Entrollent souuent des mirquins,
Ou quelque lime jollie :
Pour attrapper quelques ragots.
  Viue les enfans de la Truche,
  Viue les enfans de l'Argot.
Suiuent apres les Malingreux
Et les Rifodiez qui Truche,
Les Marcandiers auec eux
Et ont chacun vne Lucque :
Ce qui leur est d'vn grand rapport,
  Viue les enfans de la Truche,
  Viue les enfans de l'Argot.
Les Hubins, les Coquillards,
Et Sabouleux triment ensemble,
Mais ces coquins de Millards
Ne veullent suiure la bande :
Ayment mieux basourdir les gaux,
  Viue les enfans de la Truche,
  Viue les enfans de l'Argot.
Rest. encor les Cappons,
Et les Franc-mitous qui tremble,
Les Piettres & les Polissons,
Et les Courtaut de Boutanche,
Les Conuertis & les Callos.
  Viue les enfans de la Truche,
  Viue les enfans de l'Argot.
Leurs plus cruels ennemis

Qui les mettent en grand peine,
Leur font happer le taillis
Ambier à perte d'haleine,
Ce sont les Sacres & les Roüants.
  Viue les enfans de la truche, &c.
Le grand Haure il faut prier,
Qu'il conserue tous ces pauures,
Qui les voudra offencer
Que le Glier les entrolle
Ceux qui troubleront leur repos,
  Viue les enfans de la Thune,
  Viue les enfans de l'Argot.

CHANSON NOVVELLE
sur l'air, Ministre de Mosle.

Rvpin & Rupines,
 Marpaut & Marquise,
Rupins & Rupines,
Marpaut & Marquise,
Et les Marques & les Mions,
Entetutz vne chanson,
De ces enfans de la Truche
Qui sont chenastres Mions.
 Pour raconter l'ordre,
Rou caillons Bigorne,
Pour raconter l'ordre,

Rouscaillons Bigorné
Qui en terve le sçaura
A part feziere en rira,
Mais les Rupins de la vergne
Ne sont dignes de cela.
　Les premiers en liste
Sont appellez Drille,
Les Orphelins suiuent
Qui truche aux Entifle,
La flambe dessous les bras,
Battent en ruine haut & bas,
Par tout les creux de ces vergnes,
Et dessus les grands Trimards.
　Les Marcandiers marche
Aux costez la hane,
Les Marcandiers marche
Aux costez la hane,
Rupine veille fichez,
A ces pauures Marcandiers
Qui aux grand forest des piolles
Ont estez deualisez.
　Les Millards ensuiuent
Qui ont des Pouifle,
Les Millards ensuiuent
Qui ont des Pouifle,
Sur l'andosse à qui font troller,
L'enpaue pour leur peausser,
Qui estendu sur la fretille,

S'en vont dessus roupiller.
    Aussi les Malingres,
Font si tristes mines,
Aussi les Malingres,
Font si tristes mines,
Appuiez sur vn baston
Vont demandant du michon.
Mais quād ils sont dans les piolles
Ils morfient bien l'ornichon.
    Mais ô quelle angoisse,
C'est quand le gris boisse,
Mais ô quelle angoisse,
C'est quand le gris boisse,
Pour les Piettres & les Cappons,
Et les pauures Polissons,
Quï n'ont pas frusquins qui vaille
Pour mieux attrimer le rond.
    Puis ceux du Doublage,
Les Casseurs de Hane,
Puis ceux du Doublage,
Les Casseurs de Hane,
Feroient les meilleurs butins,
Si ce n'est nient les Roüins,
Qui leur fait ficher la tappe
Quand quelqu'vn il en a prins.

CHANSON DE L'ARGOT,
propre à danser. Sur le chant, *Domne nos, Domne vos*, &c.

ENteruez marques & Mions,
J'ayme la crouste de parfonds:
La vie des Argotichons
    J'ayme l'artie j'ayme la pie,
    J'ayme la crouste de parfonds.
Au matin quand nous leuons
J'ayme la crouste de parfonds,
Dans les Entonne trimardons.
    J'ayme l'artic, j'ayme la pie, &c.
Ou aux creux de ces Ratichons,
J'ayme la crouste de parfonds,
Nos Lucque leurs presentons,
    J'ayme l'artie j'ayme la pie, &c.
Puis dans les Roulles & Fremions,
J'ayme la crouste de profonds,
Cassons des hanes si pouuons,
    J'ayme l'artie, j'ayme la pie, &c.
Puis qu'en auons force michon,
J'ayme la crouste de parfons,
Dans les pilles le despensons.
    J'ayme l'artie, &c.
Aussi au soir quand arriuons,

I'ayme la crouſte de parfonds,
Dans le Caſtus où nous peauſſons,
   I'ayme l'artie, i'ayme la pie, &c.
  Les barbaudiers ſont Francilions,
I'ayme la crouſte de parfonds,
Font riforder nos ornichons.
I'ayme l'artie, i'ayme la pie, &c.
Puis leurs Marquiſes & leurs myons,
   I'ayme la crouſte de parfons,
Tous enſemble les morfions.
    I'ayme l'artie, i'ayme la pie,
   I'ayme la crouſte de parfonds.

Les Malingreux.

Certes Fanandel tu m'as grandement conſolé ſi tu veux trimer de compagnie auec maziere, nouſaille aquigerons grād chere, ie ſçay bien aquiger des Luſques, eſgrailler l'ornie, caſſer la hane aux Fremions, puis épouffer la Foucaudrie ſi quelque Rouault mouchaille.

Le Poliſſon.

Ha! le Haure gar de meziere, iamais ie ne fus forgeux ne doubleux.

Le Malingreux.

As-tu peauſſé auec ſeziere?

Le Poliſſon.

I'aymerois mieux que le Glier l'euſt enrollé

trollée que d'y auoir peauſſé, i'aurois peur d'eſtre baudrier.

Le Malingreux.

Qui a peur des fueilles ne faut pas trimer au ſabre, mais changeons de diſcours, as tu iamais eſté en drogue en ce paſquelin de Berry, y fait-il chenaſtre comme l'on dit?

Le Poliſſon.

Iaſpin, car quand on trime demander la thune, l'on ne s'amuſe pas à attendre à la lourde, on entre hardiment dans le creux, puis on leur rouſcaille, mon maiſtre nous ſommes icy deux ou trois pauures qui n'auons aucune commodité, dônez nous quelque choſe pour viure: quelques vns reſpondent, meſſieurs, Dieu vous contente, ie ne ſçaurois que donner, on leur replique, hé pere, faicte nous preſent de quelque morceau de viande, ou de demie douzaine d'œufs, ſi les gens de bien ne nous dônent quelque choſe, nous ſerons contrains de faire pis.

Quant ils entendent rouſcailler ainſi s'ils ont quelque choſe ils enfoncent, car ils ont peur que l'on face rifoder leurs creux puis on égraille quelque ornie, & on les trolle rifoder en vn creux chez quelques pallots, ou bien si l'on a trop d'ornies, on les fait risoder dans quelque grand sabre, & pour cela il faut troller vn fusil dans le guellard, pour acquiger du rifle, ha! que cela est chenu, trimons-y gourdement.

Le Polisson.

Mais que deuient le michon que nouzaille fichons aux Estats?

Le Malingreux.

Ha! pauure myon, ce n'est pas à teziere à sçauoir toutime les secrets, ne faut-il pas que les Chefs ayent quelque chose de particulier. Ie te veux pourtant rouscailler ce que meziere en a apris, c'est qu'vn luysant ie trimardois auec vn de nos Cagous, celuy qui fut basourdy deuant la vergne de Clerac, qu'on nommoit le sieur de Malespargne, faisant à seziere la mesme question que tu me fais maintenant il respondit mon myon, i'espere t'aquiger Cagou aux premiers Estats, & lors tu enterueras & pource que ie t'ayme, ie te diray le dedens, que l'on en fiche vne partie aux Chasteaux-nobles des Vergnes, où nous ne serons mal receuz, pour ce que pouuons que ces festes puissent durer de Ballade cinq ou six luyians, deuant qu'on les chasse dehors desdites Vergnes, & pour le reste, cela est du secret de la Monarchie. Ie te veux raconter vne histoire qui est arriuée dans vn Castu d'vne petite Vergne, qui a causé le procez qui s'ensuit.

PROCEZ D'ENTREMATHE lin le Rechigneux, & Collas le Souffreteux.

Le dix-huictiesme iour de Iuillet, de cette année icy ou de l'autre, au Castus d'vne petite Vergne d'Anjou, se rencontrerent le Cagou de Normandie auec sa Marquise, assistez de deux Archisuposts, vn Millard Manseau, & vn Narquois Tourangeau, auec vne Marquise Poicteuine, en morfiant ensemble: le Millard recogneut cette Marquise qui auoit esté sienne, il luy rouscaille ainsi: hé viés donc, ma petite Pertine, ne veux-tu pas biezio may? elle le mouchaille d'vn visage refrongné, respondant à sezicre, ô chetif habin: chetin cohuau: i'aymerois mieux que tu eusse morfié do chenard, que tu m'eusse couppé quioqui vécs: le

Millard rouscailla au Cagou. Sur ma fay mon doux maistre Cagou aquigez rendre à meziere ceste Marquise, il y a quatre ans que ie l'ay attrimée pour miene, & l'y auas assigné son douaire pour le moins sur trouas quarts de chenée de tearre que i'auas en noustre village, mais vne sorgue que i'estions peaussez en vne grenasse comme i'y roupillas, hen piarre elle se leue & entrolla mon guellard & ma belle rouillarde, où estoit peinct l'Entifle de Sainct Ioullian dou Mans, pourquoy mõ cher Cagou, ie demande à vouzaille iouftice si vous plais.

Surquoy le Cagou commanda à la Poiteuine de rouscailler la verité. Morsiour fist elle, o l'est bien vray pourqueu, que iquou Mansca mauet attrimée pour sa Marquise, mais il ne m'auet pas dit qui me ficheret tant de sasbre sur l'andosse, priqueuman Cagou, il ma tant sasbrée que i'ay esté contrainte de happer le taulis & ambier par le derniere, & comme y ou trimaidois, le long de quio grond trimard, qui moine de la vergne de Sanct Moyxant, à quio grond village de Poictée. y ou aduisi iquou Narquois qui balourdissoit les gaux le long d'vne picoure, &

& comme il m'eust mouchaillée, il me disoit vainça, vain ma sœur t'assoir iqui aupres meziere, o l'estet bien plus ben que quio Mansea qui m'appeller treiours gróde pontifle & grosse chaine, y ou massi fit sur la dure, puis ô fallut ressionner d'vn carme & d'vne ornie quo l'auet en son guellard, & puis me demãda en morfiant si t'enteruois casser la hane, y-ou l'y respondit que neny, que iquou Mansea il m'auet appringu que floutiere lors il me dicit que si voulois trimardet o seziere qu'il m'auroit bien tost appringu à casser la hane, & debrider la lourde sás tournante, & me feroit passer du serment de la petite flambe, & encore à faire deflorir la picoure y-ou i'y respondis ia spin y-ou le veux, & pour retourner iamais auec iquoy Mansea, i'aymerois mieux estre cosnie tout à l'heure ou bien estre viue enterrée : à lors le Narquoy rouscailla au Cagou ayant le comble en la loufche, en cette façon.

Tres-haut, tres puissant, excellent, illustre magnanime & vertueux Seigreur, il plaira à la grandeur de vostre Reuerence & Cagoutise, d'auoir pitié de cette pauure Marquille : car si on iuge les causes

E iij

par leurs effects, & l'interieur des mar-
paults par les actions qui mettent au de
hors, il est aizé à iuger de la malice de c
Marsea par le mauuais traictement qu'i
a aquigé coutre icelle, luy aquigeant vne
infinité de maux, où entre les autres vn
luy sant comme elle eut fait risoder de la
criolle rostie, elle la laissa vn peu trop
risoder, elle fut contrainte de la morfier
toutime au grand preiudice de sa santé,
pourquoy mon genereux Cagou, il vous
plaira d'ordonner en sa faueur, qu'elle
bisra auec celuy qu'elle trouuera le plus
chenastre, sans toutesfois deroger aux
Loix Argotiques ausquelles ie trolle &
trolleray tousiours l'honneur que ie leurs
doibs, nonobstant l'audace de quelque
Narquois qui ont voulu abaisser l'authorité de cette Monarchie, à laquelle ie me
soubmets.

SENTENCE RENDVE PAR le sieur Cagou.

PHilippot Coupe-jaret, par l'aduis des Freres & Ordonnance des Estats Generaux, Cagou de la Prouince de Nor-

mandie, apres auoir mouchaillé le debat
meu entre Mathelin le Rechigneux Millard de sa condition, & Collas le souffre-
ceux Narquois de condition, d'autre part:
Pour le regard d'vne Marquise preten-
duë par sezaille, & apres auoir enterué
les raisons d'vne part & d'autre, & de
l'aduis de nos bien amez Siluain Torpet,
Thibault Garaut, qui bient o nozailles:
Auons ordonné & ordonnons, que ladite
Marquise demeurera auec son Narquois,
comme le trouuant le plus chenastre, à
son gré, pour bier, morfier, peausser, rou-
iller, & aquiger le toutime qui voudroit
insemble, sans trouble ne empeschemét,
mesmes pour les hardes que ladite Marquise a entrollé, ceux qui sont à son vsage; comme ses limes, son gardeprois,
ceux mirquins de batouse toute battan-
te, vne paire de passisle tous battans deux,
mpaue, & plusieurs autres petites be-
songnes demeureront à seziere, & pour
les hardes à vsage du marpaut qui estoiét
dans le guellard, comme vn vieil georget,
haut de tire sa belle rouillarde, sa cor-
à troller la graisse, & autre chose à
son vsage. Condemnons ladite Marquise
les rendre à seziere, & pour les espi-

ces ordonnons qu'elle foncera tout presentement deux ragots pour estre employez à la morfe pour la compagnie, sçauoir vne menée de ronds pour abloquir deux parfonds à cause qu'il y a force épice, & vn combrié pour abloquir deux gourplines de piuoye, & trois carmes, qu'elle mesme bifra attroller de la plus prochaine piolle, & au deffaut de ne trouuer du piuoys, attrollera du dou beire, & du reste du michon quelque lopin de criolle. Donné au Castuz & Creux du grand Haure, le soir d'vne sorgue apres la morse, le iour & an que dessus.

Signé. Ph. Coupejaret.
Siluain Torpet & Thibault Garaut, en qualité d'Archi-suposts.
M. le Rechigneux, & C. le souffreteux.
Ragonde Trigonne Poicteuine.
Michaut Sous-d'ouurer, greffier & Receueur de l'Abbaye de S. Lasche.

Resiouissanc.

RESIOVISANCE DES ARgotiers, sur la prise de la Rochelle.

PVisque l'Angluche qui estoit égarée
Côtrainctepar la faim a esté attrimée
Il y aura du repos, & plus de griue en France,
Et faudra aux ornies pour trimer des potences,
Sus donc freres Argotiers, selon nostre musique,
Pour chanter gourdement au Haure ce Cantique,
Honorant son S. Nom qui a benist les Armes,
Du Dabuche François, malgré tous les alarmes,
Commencez Ratichons, Rupins & Marcandiers, (tiers
Laboureurs, Vignerons, & tous les Argo-
Entre-melant leurs châts ne ferôt qu'vne langue,
Afin de rouscailler la diuine loüange.
O chenastre Seigneur, qui d'vne forte

E

lousche,
As fait humilier cette Vergne farouche,
Dessous les pasturons, du Dabuche,
   Lovis,
L'aquigeant triōpher dessus ses ennemis.
Nouzaille t'en rendons mille graces im-
   mortelle.
Et à reziere soit gloire sempiternelle,
Que le Ciel & la dure, les sabres & cam-
   pagnes,   (taignes
   Les cavernes, rochers, & superbes mō-
Te benissent à iamais accordant leur si-
   lence.
O son de nos voix par grand resiouis-
   sance,
En te priant aussi de tousiours conseruer
La Noble Fleur de Lys, & de vouloir
   foncer,
   Pour combler de bon-heur & benedi-
   ctions,
A son Oingt bien aymé de beaux petits
   Mions.
Et generallement te prions pour les
   Princes,
Et chenastre Pharos des Vergnes & Pro-
   uinces,
Et ceux qu'on a cosny basourdy à la griue
Qu'octeziere Seigneur, eternellement
   viure,   FIN.

LVCQVE,

Nouzailles Archisupposts de la Monarchie Argotique, de l'authorité du grand Coësre, touquons pour Lucque authentique, à toutimer qu'il appartiendra: Qu'auons mouchaillé le present liure intitulé, *Le Jargon ou langage de l'Argot reformé, &c.* & n'auons trouué en iceluy que floutiere qui soit contraire à l'Estat de cette dite Monarchie Argotique: Ains l'auons trouué vtile & profitable pour l'instruction de tous Argotiers, & autres qui voudront enteruer & rouscailler Bigorne, Aquiger & passé dans vne Grenaste, la huictiesme Calende de Feurier, & luysant de Mardy Gras: En témoing dequoy auons signé les presentes.

FIACRE L'AMBALLEVR,

& PHILBERT GANDALLIN.

www.ingramcontent.com/pod-product-compliance
Lightning Source LLC
LaVergne TN
LVHW022145080426
835511LV00008B/1259